Erik Pigani

Caderno de exercícios para desacelerar quando tudo vai rápido demais

Ilustrações de Jean Augagneur

Tradução de Stephania Matousek

EDITORA VOZES

Petrópolis

© Éditions Jouvence, 2011
Chemin du Guillon 20
Case 184
CH-1233 — Bernex
http://www.editions-jouvence.com
info@editions-jouvence.com

Direitos de publicação em língua
portuguesa — Brasil.
2013, Editora Vozes Ltda.
Rua Frei Luís, 100
25689-900 Petrópolis, RJ
www.vozes.com.br
Brasil

Tradução do original em francês intitulado
Petit cahier d'exercices pour ralentir
quand tout va trop vite

Todos os direitos reservados. Nenhuma parte desta
obra poderá ser reproduzida ou transmitida por
qualquer forma e/ou quaisquer meios (eletrônico
ou mecânico, incluindo fotocópia e gravação) ou
arquivada em qualquer sistema ou banco de dados
sem permissão escrita da editora.

CONSELHO EDITORIAL

Diretor
Volney J. Berkenbrock

Editores
Aline dos Santos Carneiro
Edrian Josué Pasini
Marilac Loraine Oleniki
Welder Lancieri Marchini

Conselheiros
Elói Dionísio Piva
Francisco Morás
Gilberto Gonçalves Garcia
Ludovico Garmus
Teobaldo Heidemann

Secretário executivo
Leonardo A.R.T. dos Santos

PRODUÇÃO EDITORIAL

Aline L.R. de Barros
Jailson Scota
Marcelo Telles
Mirela de Oliveira
Natália França
Otaviano M. Cunha
Priscilla A.F. Alves
Rafael de Oliveira
Samuel Rezende
Vanessa Luz
Verônica M. Guedes

ISBN 978-85-326-4496-1 (Brasil)

ISBN 978-2-88353-963-1 (Suíça)

Editoração: Rachel Fernandes
Projeto gráfico: Éditions Jouvence
Arte-finalização: Lara Kuebler
Capa/ilustrações: Jean Augagneur
Arte-finalização: Carlos Felipe de Araújo

Este livro foi composto e impresso pela
Editora Vozes Ltda.

Dados Internacionais de Catalogação na Publicação (CIP)
(Câmara Brasileira do Livro, SP, Brasil)

Pigani, Erik
    Caderno de exercícios para desacelerar quando tudo
vai rápido demais / Erik Pigani ; ilustrações de Jean
Augagneur; tradução de Stephania Matousek. 2. ed.—
Petrópolis, RJ : Vozes, 2014. —
(Coleção Cadernos : Praticando o Bem-estar)

    Título original: Petit cahier d'exercices pour
ralentir quand tout va trop vite

    8ª reimpressão, 2024.

    ISBN 978-85-326-4496-1

    1. Administração do tempo 2. Serenidade
I. Augagneur, Jean. II. Título. III. Série.

12-14974   CDD-158.1

Índices para catálogo sistemático:

1. Administração do tempo : Psicologia aplicada
158.1

> « Não corra atrás da vida: ela sempre vai esperar você. »
> Erik Pigani

« Eu não vejo mais o tempo passar », « Eu não tenho mais tempo para nada », « Eu não tenho mais nenhum minuto para mim »...

Talvez, como milhões de outras pessoas atualmente, você sofra de falta de tempo. Uma doença que realmente parece ter-se generalizado, a ponto de podermos considerá-la como uma pandemia! Uma « doença do tempo ». Tem certeza? Sim: o tempo é o nosso contexto de vida, da mesma forma que o ambiente ao nosso redor. E, visto que ele faz parte de nós tanto quanto nós fazemos parte dele, uma má qualidade de tempo causa um impacto tão negativo quanto a má qualidade do ar ou uma alimentação desequilibrada.

É exatamente a isso que assistimos: uma perturbação do tempo, e não somente do « tempo que está fazendo »! A aceleração, a fragmentação e, sobretudo, a compressão do tempo fazem com que não seja mais possível administrar a agenda da nossa vida à maneira do coaching triunfalista dos anos de 1980-1990. Nós devemos enfrentar um novo desafio: rever a nossa percepção do tempo e aprender a **ir mais devagar** para, novamente, sermos capazes de levar a vida com mais serenidade e lucidez.

3

Será que você precisa ir mais devagar?

Veja a seguir 30 sintomas comuns devido ao estresse de uma vida demasiado rápida e sobrecarregada. Nas colunas « nunca », « às vezes » e « com frequência », envolva o número que corresponder ao que você costuma sentir. Em seguida, some o subtotal de cada coluna e depois o total geral dos seus pontos.

	nunca	às vezes	com frequência
Meu rosto está tenso	0	1	2
Eu sinto tensões na nuca	0	1	2
Tenho dores de cabeça	0	1	2
Sou distraído	0	1	2
Eu faço tudo rápido, e não muito bem	0	1	2
Tenho dores nas costas	0	1	2
Não consigo me descontrair facilmente	0	1	2
Estou cansado	0	1	2
Estou desanimado	0	1	2
Tenho problemas de sono	0	1	2
Tenho reações bruscas	0	1	2
Tenho problemas de digestão	0	1	2
Tenho hipertensão	0	1	2
Sinto-me ansioso ou inquieto	0	1	2
Estou com os nervos à flor da pele	0	1	2
Passo por breves momentos de depressão	0	1	2
Sou impaciente	0	1	2
Estou sobrecarregado	0	1	2
Careço de entusiasmo	0	1	2
Estou em frangalhos	0	1	2
Eu levo tudo a mal	0	1	2
Não consigo me concentrar facilmente	0	1	2
Estou com as ideias confusas	0	1	2
Acontece de me dar um branco	0	1	2
Eu sinto ressentimento	0	1	2
Sou agressivo	0	1	2
Preciso tomar café	0	1	2
Eu pulo refeições	0	1	2
Eu olho o relógio	0	1	2
Eu roo unha	0	1	2

Subtotal: ...   .

Total: ....

Considerados separadamente, cada sintoma talvez seja apenas um problema passageiro que pode se resolver sozinho (por exemplo: « eu pulo refeições »), com um psicólogo (por exemplo: « sinto-me ansioso ») ou com um médico (por exemplo: « tenho hipertensão »). Por outro lado, quanto mais sintomas você acumular, maior será o seu nível de estresse. E, portanto, mais você deve reduzir o seu ritmo... urgentemente!

Minha necessidade de desacelerar:
- De 0 a 15 pontos: faça pausas com uma frequência um pouco maior.
- De 16 a 30 pontos: libere tempo para se reencontrar consigo mesmo.
- De 31 a 45 pontos: faça todos os exercícios deste caderno com a maior seriedade.
- De 46 a 60 pontos: pare urgentemente para descansar e fazer um balanço sobre a sua vida.

I. Tomar consciência

A personalidade do seu tempo

Observe atentamente as seis expressões seguintes:

1. O tempo é nosso inimigo.

2. O tempo é nosso escravo.

3. O tempo é neutro.

4. O tempo é nosso árbitro.

5. O tempo é nosso mestre.

6. O tempo é um mistério

Escolha as três expressões que mais correspondem ao que você pensa e classifique-as por ordem de importância:

1. O tempo é ....
2. O tempo é ....
3. O tempo é ....

Para começar a tomar consciência da maneira como você vivencia o seu tempo, leia a seguir o perfil e o conselho que correspondem à sua escolha: 1. Você pode completá-lo, referindo-se às suas escolhas 2 e 3. Você vai constatar que, face ao tempo, não há nenhuma atitude ideal: como cada um de nós é uma pessoa única, a nossa própria percepção do universo é única. Portanto, o nosso tempo pessoal é único...

➢ **Se você tiver escolhido: « O tempo é nosso inimigo »**

Você passa o seu tempo lutando contra o relógio. Esse estilo de vida alimenta o espírito de competição e pode facilitar o acesso ao que era chamado, nos anos de 1980, « sucesso ». De certo ponto de vista, é uma vantagem. Você gosta de esforço e, para você, um problema só se torna sério se for difícil.

Conselho: Ganhar ou perder tempo não tem sentido algum, pois, aconteça o que acontecer, você só dispõe da totalidade do tempo que lhe é disponível: 24 horas por dia! Comece ensinando a sua mente a se desapegar e aprender a ficar sem fazer nada. Deixe os seus dias mais leves eliminando primeiro as tarefas supérfluas. Por fim, cuidado com o estresse e até com um burn out: tome medidas urgentes para descobrir e praticar técnicas antiestresse.

▷ **Se você tiver escolhido: « O tempo é nosso escravo »**

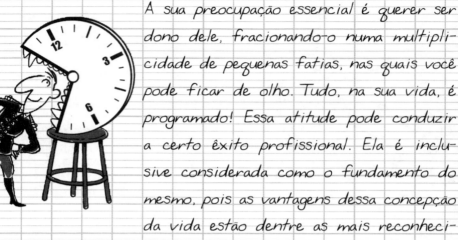

A sua preocupação essencial é querer ser dono dele, fracionando-o numa multiplicidade de pequenas fatias, nas quais você pode ficar de olho. Tudo, na sua vida, é programado! Essa atitude pode conduzir a certo êxito profissional. Ela é inclusive considerada como o fundamento do mesmo, pois as vantagens dessa concepção da vida estão dentre as mais reconhecidas numa sociedade em que, é um tanto quanto malvisto dilapidar tempo para fins não produtivos... No entanto, as desvantagens disso são igualmente óbvias: já que tudo deve ser controlado, sem esperança de ganho e de perda, há pouco espaço na sua vida para a liberdade, a criatividade e as alegrias simples das relações humanas.

Conselho: O seu mal-estar físico e psicológico tem origem, em parte, na distância entre o seu tempo social (o tempo econômico) e o seu tempo biológico: a forma como você utiliza o tempo não está em harmonia com o seu tempo interior. Não esqueça que você não é uma máquina! Diminua bastante o ritmo dos seus dias, enxergue a vida de um ponto de vista mais global, aprenda a fazer pausas, respirar, tomar consciência do momento presente e... ir mais devagar!

➤ Se você tiver escolhido: « O tempo é neutro »

A sua mente não está saturada pelo permanente tique-taque do relógio, e você considera o tempo como um recurso pessoal, um dom que as fadas nos oferecem ao nascermos. Você pode então, todo dia, deixar correr a sua imaginação, pois sabe que as horas não têm valor humano intrínseco, mas às vezes podem ser úteis.

Esse estilo de vida pode causar certos inconvenientes, em especial, uma desorganização e uma absoluta falta de pontos de referência.

Conselho: Aprenda a administrar o seu tempo e planejar melhor os seus horários. É principalmente a confusão dos dias que esgota a sua mente. Porém, para não perturbar demais a sua vida, adote os princípios do kaizen (veja a p. 29s.), a fim de lidar regularmente com as tarefas do cotidiano. Na área do desenvolvimento pessoal, você também pode se inscrever em ateliês de descoberta da personalidade e autoafirmação.

▷ Se você tiver escolhido: « O tempo é nosso árbitro »

O tempo é o juiz da nossa vida. Você lhe conferiu devidamente o poder de controlar os seus atos e gestos, permitindo que ele reine sobre as suas emoções. Para ter certeza de que o seu sistema não vai falhar:

• Você se cerca de tudo o que pode simbolizar a existência do seu árbitro, e de tudo o que pode operar um controle temporal na sua vida: relógios de pulso, de parede, ampulhetas e cronômetros recompensam você com um apoio fiel e inelutável.

Conselho: Essa atitude pode trazer vantagens, principalmente a de ter um ritmo de vida favorável a certo sucesso, mas nunca se esqueça de que a máquina humana é demasiado complexa para ser cronometrada com precisão. Diminua o máximo possível a sua carga horária e aprenda a não usar relógio de pulso. Trabalhe igualmente sobre os seus sentimentos de culpa e, pontualmente, reserve um tempo para ficar sem fazer nada.

➤ **Se você tiver escolhido: « O tempo é nosso mestre »**

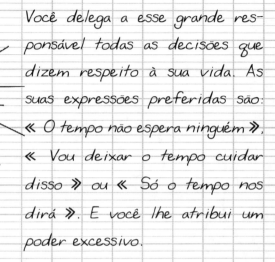

Você delega a esse grande responsável todas as decisões que dizem respeito à sua vida. As suas expressões preferidas são: « O tempo não espera ninguém », « Vou deixar o tempo cuidar disso » ou « Só o tempo nos dirá ». E você lhe atribui um poder excessivo.

Você se fechou numa jaula que o protege contra confusão e incertezas, mas esse tipo de comportamento limita a escolha de estilo de vida. Aparentemente, a vida é mais fácil quando as escolhas são limitadas. Desligar-se do seu potencial criativo é se desligar de uma das funções essenciais do ser humano e da sua alma...

Conselho: Pode ser que, após ter aberto este caderno, você tornará a fechá-lo imediatamente, qualificando-o de infame. De fato, ele exalta valores exatamente contrários àqueles nos quais você sempre acreditou, bem como comportamentos resolutamente opostos aos seus... Se alguém o tiver dado de presente, é provável que seja uma indireta. Seja como for, se você quiser enxergar a vida de outra forma, aceite o desafio e experimente a aventura!

▷ Se você tiver escolhido: « O tempo é um mistério »

Você situa o tempo fora do âmbito da consciência. De certo ponto de vista, você tem razão: o tempo é a variável mais misteriosa da física e, junto com a consciência, um dos maiores enigmas científicos da nossa época. Mas isso não é motivo para contorná-lo! Essa maneira de conceber o tempo é provavelmente semelhante à forma como você percebe o seu corpo: você não tem consciência do seu estômago até o dia em que ele começa a doer...

Conselho: Você precisa aprender a classificar os problemas, manter uma agenda, administrar, programar, planejar. Deixe o seu dia a dia menos pesado eliminando todas as atividades que não valham a pena. Você não precisa necessariamente ir mais devagar, mas sim estruturar a sua vida de modo a dirigi-la, de forma resoluta, em função do objetivo da sua vida. Se você se coloca perguntas do tipo « O que eu estou fazendo neste planeta? », « Qual o objetivo da minha vida? », « Por que estou aqui? », uma resposta, mesmo temporária, daria automaticamente as chaves para você seguir em frente no ritmo que mais lhe fosse conveniente.

Meu depoimento

E que tal, para fazer um balanço da sua vida, você dar uma de jornalista? Para este exercício, você vai precisar de um gravador...

- Pegue o gravador. Ligue-o e, como se você estivesse diante de um jornalista, responda à seguinte pergunta: « Por que você está sentindo, hoje, a necessidade de ir mais devagar? »

- Quando tiver terminado, escute a sua resposta, anotando as ideias principais.

- Nas duas páginas seguintes, escreva o texto da sua própria entrevista. Obviamente, como se trata de um depoimento, escreva-o em primeira pessoa.

- Em seguida, dê um título ao seu depoimento, escolhendo **a frase que mais caracterize você**. Coloque-o entre aspas.

- Procure nos seus arquivos uma foto sua que mais tenha a ver com você e que, ao mesmo tempo, seja o reflexo do seu depoimento.

- Por fim, escreva uma pequena « legenda » para a sua foto, com o seu nome, idade, estado civil e situação profissional (exemplo: Violeta, 45 anos, mãe de dois grandes adolescentes, subchefe de cozinha num importante restaurante).

➤ Meu depoimento

TÍTULO......................... ....
....

DEPOIMENTO............... ....
....
....
....
....
....
....
....
....
....
....
....
....
....
....
....
....
....
....
....

MINHA FOTO

LEGENDA ....

.... | ....

.... | ....

.... | ....

.... | ....

.... | ....

.... | ....

.... | ....

.... | ....

.... | ....

.... | ....

.... | ....

.... | ....

.... | ....

Os ladrões de tempo

A expressão «ladrões de tempo» já é bem famosa atualmente. Ela faz referência aos trabalhos de um pesquisador americano, Alec Mackenzie[*], que pediu para membros de grupos profissionais bem diferentes redigirem uma lista de «ladrões de tempo». Assim, ele identificou uns trinta ladrões de tempo «externos» e «internos». Veja a seguir uma lista revista e corrigida de 30 atividades, comportamentos e estados de espírito cronógrafos que determinam diretamente a sua vida cotidiana, pessoal e profissional:

- Televisão
- E-mails
- Filas de espera
- Engarrafamentos
- Redes sociais na internet
- Blogs
- Manutenção e conserto de aparelhos domésticos
- A condução dos filhos
- Faxina
- Indecisão
- Compras de supermercado
- Conversas inúteis
- Conflitos não resolvidos
- Interrupções intempestivas dos filhos
- Perda da noção do tempo
- Prioridades e objetivos confusos
- Procedimentos administrativos
- Visitas imprevistas
- Perfeccionismo
- Falta de ordem
- Telefonemas
- Incapacidade de delegar
- Atenção excessiva a detalhes
- Resistência a mudanças
- Incapacidade de dizer não
- Cansaço e estresse
- Falta de planejamento
- Acúmulo de informações
- Entrevistas não preparadas
- Reuniões mal dirigidas

[*] MACKENZIE, A. Armadilha do tempo. São Paulo: Makron-Books, 1991.

➤ Meus ladrões de tempo

Faça uma lista dos seus 7 ladrões de tempo « cúmplices » (aqueles de que você gosta) e 7 ladrões de tempo « forçados » (aqueles de que você não gosta), classificando-os por ordem de importância.

Quanto mais ladrões você identificar, mais rápido você poderá reconhecê-los quando eles surgirem.

Meus principais ladrões de tempo « cúmplices »:

1. ....
2. ....
3. ....
4. ....
5. ....
6. ....
7. ....

Meus principais ladrões de tempo « forçados »:

1. ....
2. ....
3. ....
4. ....
5. ....
6. ....
7. ....

Medite durante alguns minutos sobre os seus « ladrões de tempo ». Tome simplesmente consciência do lugar que eles ocupam na sua vida, reflita sobre isso, perguntando-se como você vai poder diminuir essa lista. Torne a pensar sobre o assunto também, quando você der alguns dos « pequenos passos para ir mais devagar ».

Um minuto perdido...

Você não tem mais nenhum minuto e acha que o tempo está perturbado? Faça uma pausa e recoloque o minuto perdido na ordem certa!

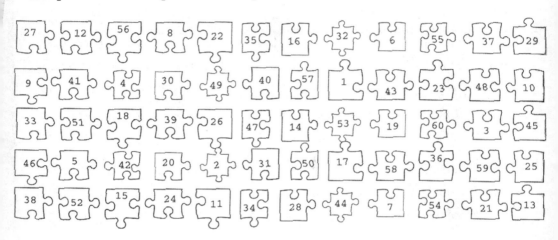

Pegue lápis de cor e recoloque cada segundo na ordem certa, no intuito de reconstituir um minuto cronológico, usando uma cor por segundo:

Se você tiver um cronômetro ao alcance das mãos, ligue-o e leve o máximo de tempo possível para fazer este exercício.

II. Agarrar a questão com unhas e dentes

Dane-se a culpa!

Assim como muitos, você certamente se sente culpado por « não ter tempo » ... de terminar um trabalho, responder a um convite, ir fazer umas compras, desfazer as suas malas logo que volta de viagem, correr à lavanderia, não ter conseguido fazer tudo o que você tinha previsto etc. Essa forma de culpa corrói e carcome o tempo em que você pode estar de bem consigo mesmo. Por causa dela, a gente fica esperando entrar de férias para finalmente se deixar levar. Porém, num tempo delimitado, num tempo « autorizado » pela sociedade, o que ocorre? Certos indivíduos até transformam a culpa com relação ao tempo num estilo de vida.

« Eu não tenho mais tempo para fazer nada!»
Explique em três linhas o que essa frase significa para você:

....

....

....

Literalmente, ela significa: « Eu não tenho mais tempo para dar uma pausa e ficar sem fazer nada ».

Se você tiver respondido « Eu não consigo fazer mais do que já estou fazendo » ou algo do tipo, medite sobre o porquê da sua resposta.

Enquanto a culpa « simples » tem uma utilidade – ela permite que nós nos questionemos sobre o sentido da existência, o bem e o mal, a finalidade dos nossos atos –, a culpa com relação ao tempo, por sua vez, faz-nos perder energia e... tempo! Para muitos, ela começou a se manifestar ao longo dos anos de 1980, período que introduziu na nossa sociedade exigências de desempenho e sucesso profissional extremamente elevados. Uma ideologia de excelência e competição que provocou uma forma de culpa ligada à sensação de não « estar à altura ». Reforçada por um tempo que não para de acelerar, essa culpa às vezes se infiltra tão profundamente que alguns se sentem responsáveis por experimentar um mal-estar em seu próprio tempo... No entanto, ser responsável é, antes de tudo, aceitar os seus próprios limites. Entre outros, os que a idade nos impõe: aos 60 anos, não conseguimos mais fazer o que fazíamos aos 20 ou 30 anos. Ser responsável também é ser capaz de fazer escolhas de vida, escolhas de trabalho, escolhas pessoais, concedendo-se ao mesmo tempo o direito de errar. Essa é a maneira de se livrar do aprisionamento infantilizante da culpa, construído em torno dos « ande logo » que nos foram martelados durante a nossa infância.

Pinte as zonas de culpas « ruins e inúteis » que você carrega nas suas costas.

A culpa com relação ao tempo é uma das mais fáceis de resolver: ela não cria raiz numa profunda moral, nem na noção fundamental do bem e do mal, mas sim numa percepção subjetiva e ideias feitas. Mensagens de culpa são iguais a pensamentos negativos, os quais você pode substituir por pensamentos positivos. Experimente:

Liste 5 culpas « inúteis » que pesam na sua consciência:

· Eu me sinto culpado por não ser rápido o bastante.
· Eu me sinto culpado por ....
· Eu me sinto culpado por ....
· Eu me sinto culpado por ....
· Eu me sinto culpado por ....
· Eu me sinto culpado por ....

Corrija-as por escrito e leia em voz alta 5 vezes:
« Eu não sou culpado por... »

· Eu não sou culpado por não ser rápido o bastante.
· ....
· ....
· ....
· ....
· ....

Selecione e copie numa pequena ficha as afirmações que lhe derem « inspiração ». Guarde a ficha sempre no bolso e, assim que você sentir a menor pontinha de culpa se manifestar, releia-as em voz alta — e várias vezes, se for preciso.

12 AFIRMAÇÕES PARA NÃO FICAR MAIS SE CULPABILIZANDO COM RELAÇÃO AO TEMPO

1. Eu tenho o direito de viver o meu próprio tempo.

2. Fazer pausas é indispensável para o meu corpo e a minha alma.

3. Viver rápido demais pode provocar acidentes graves.

4. Eu tenho o direito de mudar de objetivo.

5. Eu tenho o direito de dizer « não » a mim mesmo e aos outros.

6. Eu preciso ir mais devagar para me adaptar a esse mundo em plena mutação.

7. Eu não devo ter medo de adotar novos comportamentos.

8. Eu tenho o direito de me afastar da pressão social para respirar um pouco.

9. Todos nós precisamos reencontrar um ritmo de vida em harmonia com os ciclos naturais.

10. Não há nada mais natural do que avançar na idade.

11. Quando eu perco tempo, eu ganho o meu tempo.

12. A culpa não faz evoluir — ela provoca atraso.

Pausa!

Conto de hoje

« — Bom dia, disse o pequeno príncipe.
— Bom dia, disse o vendedor.
Era um vendedor de pílulas aperfeiçoadas que aplacavam a sede. Toma-se uma por semana e não se sente mais a necessidade de beber.
— Por que vendes isso?, perguntou o pequeno príncipe.
— É uma enorme economia de tempo, disse o vendedor. Os especialistas fizeram cálculos: poupam-se cinquenta e três minutos por semana.
— E o que se faz, então, com esses cinquenta e três minutos?
— O que a pessoa quiser...
Eu, pensou o pequeno príncipe, se tivesse cinquenta e três minutos para gastar, caminharia bem devagarzinho em direção a uma fonte... »

Antoine de Saint-Exupéry. *O pequeno príncipe.*

Receita suprema para uma boa saúde:

> O homem deixou a terra doente por causa de um « demais » que não é necessário à vida. Carros demais, comida demais, conforto demais, prazeres demais. Isso é o que envenena as nossas existências.
>
> Gitta Mallasz

Tudo o que é demais faz mal! Existe uma forma bem simples de se livrar do círculo de acúmulo sem fim, em tudo o que diz respeito ao cotidiano, é adotar a regra da divisão por dois: aquisições, atividades, festas...

Você pode inclusive dividir por dois o número dos seus amigos! Você pode começar com os seus « amigos » no facebook, o que é, em princípio, mais fácil, pois isso normalmente não é nem um problema e nem um mal... Em seguida, você também pode colocar em dia a sua lista de « verdadeiros amigos », aqueles com quem você pode contar, aconteça o que acontecer.

➢ Minha ficha de divisões

O que eu posso dividir:

· minha lista de amigos no facebook
· ....
· ....
· ....
· ....
· ....
· ....
· ....
· ....

O que eu não posso dividir:

· ....
· ....
· ....
· ....
· ....
· ....
· ....
· ....
· ....

Exercício de meditação zen

Imagine uma ampulheta à sua frente. Pegue-a e vire-a. Observe-a, relaxando e respirando profundamente ao mesmo tempo. O que acontece? A areia escorre. E o tempo junto com ela... Observe-a atentamente durante mais alguns instantes. Depois, deite-se de lado. O que acontece?

Um minuto para enxergar o tempo de outra forma

Que tal você fazer apenas um minuto de faxina por dia? Isso mesmo, só **um** minuto! É a base do kaizen - termo japonês que poderíamos traduzir por « melhora contínua » -, um método de gestão utilizado no Japão há cerca de sessenta anos para melhorar a qualidade do trabalho e preparar mudanças duradouras. O princípio é de uma simplicidade desconcertante: em vez de se envolver num programa pesado, que exija um grande investimento pessoal, deve-se começar efetuando ações bem pequenas que exijam muito pouco esforço em muito pouco tempo - de um a quinze minutos.

Algumas vantagens do kaizen:

- Fixar para si mesmo objetivos curtos e fáceis permite eliminar bloqueios inconscientes com relação à mudança em questão.
- Ele permite não se deixar enganar pelo « efeito boa resolução »", aquelas boas decisões que acabam, às vezes bem rápido, cedendo diante das obrigações da vida cotidiana...
- Ele dá novamente autoconfiança, evitando assim situações de derrota e desistências que provocam sua quota de culpas, degradação da imagem de si e vergonha de « não ser capaz ».
- Ele nos transmite o sabor do sucesso duradouro: quando é realizada com total consciência, toda pequena ação sempre é fonte de satisfação, do prazer do trabalho bem-feito.

Responda à pergunta, marcando a opção correspondente: « Se, amanhã, eu tivesse somente um minuto à minha disposição, o que eu faria? »

1. Eu nem perceberia! ❑
2. Eu fecharia os olhos para respirar. ❑
3. Eu me precipitaria para redigir a correspondência atrasada. ❑
4. Eu daria uma pausa e não faria nada. ❑
5. Eu ficaria completamente perdido... ❑
6. Eu iria dar uma navegada na internet. ❑
7. Eu aproveitaria para espairecer a mente observando o céu. ❑
8. Eu ligaria para um amigo para avisar que retornarei mais tarde. ❑
9. Eu não consigo imaginar como poderia ter apenas um minuto amanhã! ❑

2, 4, 7: Você sabe seguir por estradinhas de terra para aproveitar a vida.

3, 6, 8: Você prefere tomar uma porção da estrada principal para ganhar tempo. Faça pausas de vez em quando.

1, 5, 9: Você dirige rápido demais! Se não tirar o pé do acelerador, você corre o risco de sofrer um acidente.

Prepare os seus « minutos kaizen » listando: 1) as atividades obrigatórias que você deixa se arrastarem por falta de tempo, 2) as atividades obrigatórias que você fica adiando constantemente por falta de coragem, 3) as atividades pessoais agradáveis que você fica adiando por falta de tempo, 4) as atividades que você sempre quis realizar sem nunca ter ousado se atirar de cabeça:

1) O que eu tenho de fazer e que eu deixo se arrastar:

....
....
....
....

2) O que eu tenho de fazer e que me deixa sem coragem:

....
....
....
....

3) O que eu quero, mas não tenho tempo de fazer:

....
....
....
....

4) O que eu sempre quis realizar sem nunca ter ousado me atirar de cabeça:

....
....
....
....

➤ Meu minuto kaizen

Para testar o kaizen, escolha na sua lista uma atividade (só uma) que você poderia fazer durante um minuto (ou dois) todo dia durante seis dias (o domingo fica livre!):

....

Nesta página de agenda, escolha a hora do dia em que você decidiu praticar a atividade em questão. Pegue um lápis de cor e faça um traço para representar o seu minuto kaizen. Para que esse método seja eficaz, é melhor escolher a mesma hora para a mesma atividade. Por exemplo, se você tiver decidido fazer um minuto de faxina na cozinha às 7:45h da manhã, tente repetir a operação todos os dias às 7:45h.

	segunda	terça	quarta	quinta	sexta	sábado
7h . . .						
8h . . .						
9h . . .						
10h . . .						
11h . . .						
12h . . .						
13h . . .						
14h . . .						
15h . . .						
16h . . .						
17h . . .						
18h . . .						
19h . . .						
20h . . .						
21h . . .						
22h . . .						
23h . . .						

Uma vez que você tiver feito essa experiência, recomece uma segunda semana com uma atividade da lista 2.

Minha atividade kaizen da semana 2: ....

Faça um novo traço na página da agenda com um lápis de outra cor (ele corresponderá, portanto, ao seu minuto kaizen da semana 2).

Repita a experiência na terceira semana com uma atividade da lista 3.

Minha atividade kaizen da semana 3: ....

Faça um traço na página da agenda com um lápis de outra cor ainda.

Repita a experiência na quarta semana com uma atividade da lista 4.

Minha atividade kaizen da semana 4: ....

Faça um novo traço na página da agenda com um lápis de outra cor.

Se você tiver conseguido cumprir esse programa, parabéns! Anote as suas conclusões:

....

....

....

....

Se o kaizen lhe convier e se você quiser adotar esse método de « viver bem o seu tempo », volte à sua lista de atividades da página anterior para escolher as que você vai querer praticar com a maior regularidade possível. Só vai faltar decidir quanto tempo você deseja dedicar a tais atividades: 1 minuto, 2 minutos, 5 minutos? Não ultrapasse o limite de 15 minutos...

Se você não encontrar tempo para testar o kaizen pelo menos uma vez, vou deixar para você o trabalho de anotar as suas próprias conclusões...

Se você não tiver nenhuma ideia para testar o kaizen, dedique um minuto por dia para percorrer o labirinto abaixo com a ponta de um lápis de cor.

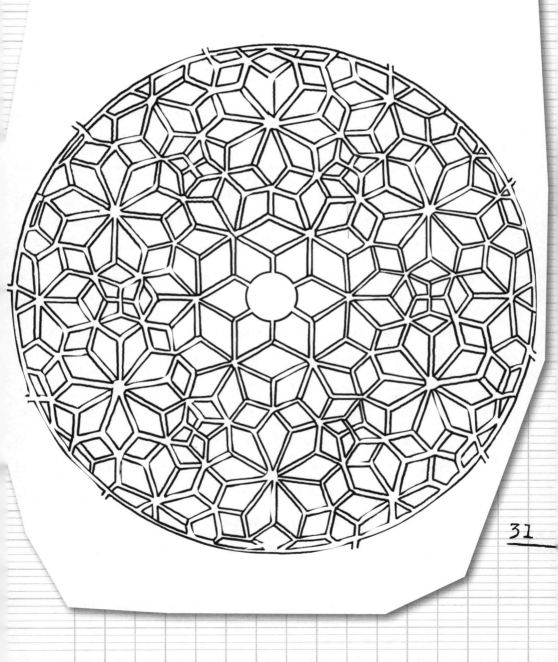

O « slow »: mas o que é que é isso?

A « revolução lenta » nasceu na Itália no ano de 1986, junto com o Slow Food: para lutar contra o império e a influência McDonald's®, uma associação ecologista italiana havia militado para que cada um redescobrisse o prazer de comer alimentos orgânicos, exclusivamente produtos artesanais e regionais, com um modo de cozinhar simples, mas com boa qualidade e... lentamente! Em alguns anos, esse lema foi adotado por milhares de praticantes de uma vida saudável. No ano de 1999, o movimento se expandiu sob o rótulo Città Slow (« cidade lenta »), que reúne atualmente quase 150 municípios, em cerca de 20 países. Todos eles atendem a algo como 70 recomendações: reduzir o barulho e o trânsito, preservar a qualidade de vida e um meio ambiente saudável, valorizar a gastronomia local e a convivialidade... Quanto à Slow Life, ela nasceu, dizem, por necessidade: face à resposta que nos vem sendo dada há uns vinte anos para suprirmos a falta de tempo (ou seja, devemos ir mais rápido ainda), certos indivíduos se revoltaram. Na Áustria, por exemplo, a Sociedade pela desaceleração do tempo organiza todo ano uma assembleia sobre « uma maneira de viver mais respeitosa », fundada na possibilidade de cada um resistir à velocidade. Nos Estados Unidos, milhares de militantes por uma vida menos estressante participam da programação anual do dia Take Back Your Time, assistindo aos seminários voltados para os danos da sobrecarga. Portanto, tendo em vista a amplidão planetária do « slow », esse movimento não tem nada a ver com uma moda passageira!

Você mesmo já está participando dele...

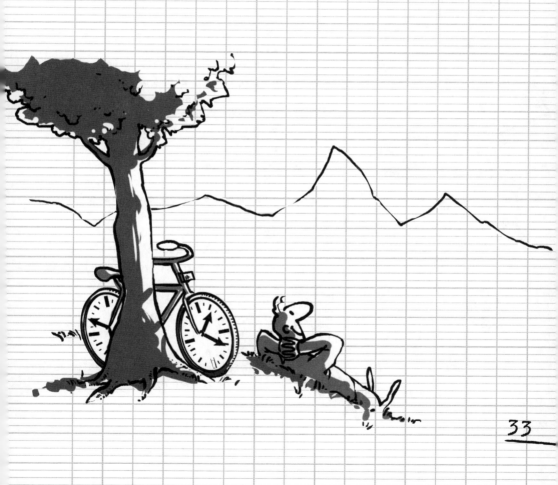

III. Tirar um tempo... para ir mais devagar!

25 pequenos passos para aprender a desacelerar

No seu ritmo, experimente cada uma das etapas a seguir para retomar a um curso de vida mais humano.

1. Torne os seus gestos mais lentos.
2. Fique na cama!
3. Saia dez minutos mais cedo.
4. Faça apenas uma coisa de cada vez.
5. Escute o seu tempo interior.
6. Esqueça o seu relógio de pulso.
7. Desligue a televisão...
8. Reduza sua televisão à escravidão!
9. Tome um banho.
10. Dê uma pequena caminhada.
11. Não vá fazer compras no supermercado.
12. Escute os outros.
13. Conceda pausas a si mesmo.
14. Saboreie o que você esteja comendo.
15. Não faça nada...
16. Invente um ritual.
17. Quebre uma rotina.
18. Respire!
19. Peça ajuda.
20. Ofereça a si mesmo uma massagem.
21. Crie o seu espaço sagrado.
22. Desligue o seu celular.
23. Isole-se!
24. Tire um cochilo.
25. Plante um jardim.

Prepare esse pequeno passeio colorindo cada passo...

I. Torne os seus gestos mais lentos

Nada melhor, para aprender a ir mais devagar, do que experimentar fisicamente a sensação e os efeitos positivos da desaceleração com « o exercício do pote de mel ». <u>Escolha uma ação cotidiana, a qual você geralmente realiza de forma rápida ou rotineira</u>:

- coar um café
- tomar uma chuveirada
- escovar os dentes
- lavar a louça
- descascar legumes

- ....
- ....
- ....
- ....
- ....

Minha escolha: ....

Quando estiver pronto, respire lenta e profundamente, desacelerando ao máximo todos os seus movimentos. Concentre-se na sua postura, em cada gesto seu, no objeto que você esteja utilizando, na sensação física de contato com ele... Para desacelerar ainda mais, imagine então que você esteja mergulhado *num enorme pote de mel*.

Eu fiz essa experiência dia: ....
Estou com vontade de repetir a experiência ❏
Não estou com vontade de repetir a experiência ❏

35

2. Fique na cama!

Dois ou três minutos bastam... Com os olhos fechados, volte a si mesmo respirando profundamente, esfregue levemente o rosto, alise o lençol, apalpe o travesseiro, espreguice-se. Leve o tempo que você precisar para acordar. Não se trata de dormir até tarde, mas sim de esperar um pouco e sem ficar se culpando! Esses três minutos permitirão que você retome contato com o seu corpo, tome consciência do ambiente ao seu redor, deixe os seus sonhos se dissiparem ou, ao contrário, reflita sobre eles. Só abra os olhos quando se sentir realmente pronto para se levantar. Se achar que não vai dar tempo, coloque o despertador para tocar três minutos mais cedo. O despertar é o primeiro verdadeiro momento que a gente pode passar consigo mesmo. Não é « não fazer nada » e nem « tempo perdido »: logo, logo, você vai perceber que todos os dias que começam com esses três minutos de reencontro consigo mesmo têm uma cor bem diferente daqueles que começam com o carro na frente dos bois. Portanto, não tenha pressa em pular fora da cama e faça com que esse retorno à vida real se torne um bom hábito.

Eu fiz essa experiência dia: ....

Estou com vontade de repetir a experiência ❏

Não estou com vontade de repetir a experiência ❏

« Tempo **é dinheiro.** »

Para você é:

- Um ditado ❑

- Uma superstição ❑

3. Saia dez minutos mais cedo

Seja qual for o compromisso ou o lugar onde você esteja indo, esteja você sozinho ou em família, saia *sempre* dez minutos mais cedo. Isso evita primeiro uma boa dose de estresse e também permite antecipar um atraso no trânsito ou em transportes coletivos, se for o caso. Você tem boas razões para tomar gosto em manter esse ótimo hábito: você sabe que, ao chegar ao destino, terá dez minutos só para você, para não pensar em nada ou para refletir, respirar, observar, acalmar-se, reencontrar a si mesmo. Experimente essa atitude durante pelo menos um dia completo, e você vai perceber que o seu estado de espírito vai mudar imediatamente. Esses dez minutos adiantados não são « dez minutos perdidos », mas sim *dez minutos para ficar bem*...

Eu fiz essa experiência dia: ....

Estou com vontade de repetir a experiência ❑

Não estou com vontade de repetir a experiência ❑

4. Faça apenas uma coisa de cada vez

« Quando você andar, contente-se em andar. Quando estiver sentado, contente-se em ficar sentado », respondeu o mestre zen Umon a um discípulo que lhe havia perguntado como ficar em harmonia consigo mesmo.

Durante um dia inteiro deixe de lado todos os velhos princípios de gestão do tempo fundados na busca de desempenho dos anos de 1980 e saboreie o momento presente: não leia ao tomar o seu banho de banheira, não assista televisão comendo, não faça faxina escutando as notícias, não comece nenhuma conversa ao telefone enquanto estiver cozinhando, não jogue no seu smartphone no metrô... Esteja apenas presente a si mesmo e aos outros.

Simples, claro, eficaz... e muito mais difícil de colocar em prática do que se imagina!

Eu fiz essa experiência dia: ....
Estou com vontade de repetir a experiência ❑
Não estou com vontade de repetir a experiência ❑

5. Escute o seu tempo interior

Para restaurar o sentido do passar do tempo, sente-se numa cadeira confortável, de frente para um relógio de parede, despertador ou relógio de mesa. Não precisa relaxar, meditar ou efetuar nenhum esforço físico, mas tente manter as costas retas. Observe as horas e feche os olhos. Mantenha-os fechados durante cinco minutos. Pense simplesmente no momento presente, tome consciência do « aqui e agora » que pertence somente a você, respirando calmamente. Quando você achar que os cinco minutos já tiverem passado, abra os olhos e veja as horas.

Se você tiver mantido os olhos fechados durante menos de quatro minutos, o seu ritmo pessoal é mais rápido do que o do relógio. Se você tiver aberto os olhos após seis minutos, o seu ritmo é mais lento. Não existe um ritmo « certo » ou « errado », mas apenas um ritmo pessoal mais lento ou mais rápido do que o do tempo social, do qual é preciso simplesmente **tomar consciência**.

Eu fiz essa experiência dia: ....

Estou com vontade de repetir a experiência ☐

Não estou com vontade de repetir a experiência ☐

6. Esqueça o seu relógio de pulso

Libere-se de um entrave: o seu relógio de pulso! Esse pequeno objeto utilitário se tornou um dos grandes símbolos da nossa sociedade, a tal ponto que, nos anos de 1980-1990, não usar relógio de pulso no trabalho era tão transgressivo quanto não usar sapatos... A pulseira-relógio nos liga demais ao tempo de trabalho, luxo, sucesso social. E, geralmente, ela serve não para ver as horas, mas sim para calcular o tempo que nos resta!

No entanto, viver sem relógio de pulso é possível: quando você precisar saber que horas são basta olhar a tela do seu celular. A ausência de ponteiros apresenta inclusive uma vantagem: ela nos obriga a realmente ler as horas, o que dá uma perspectiva do tempo mais vasta do que uma simples olhadela num restante de tempo...

Uma manhã esqueça o seu relógio de pulso deliberadamente. Você com certeza entrará em pânico por um momento, como se estivesse penetrando na floresta Amazônica sem bússola e sem material de sobrevivência. Ao se liberar desse entrave, aprenda a restaurar a sua noção do passar do tempo - mesmo que às vezes seja preciso esquecê-lo para não ver mais o tempo passar.

Eu fiz essa experiência dia: ....

Estou com vontade de repetir a experiência ❏

Não estou com vontade de repetir a experiência ❏

7. Desligue a televisão...

É um dos grandes conselhos dados por todos os especialistas da infância e da educação: desligue a televisão durante as refeições, tarefas e quando chegarem visitas. Acima de tudo, não a utilize como barulho de fundo. Por que um comportamento que parece óbvio exigir de crianças também não seria bom para você que, de acordo com estatísticas, fica com os olhos pregados na telinha durante cerca de cinco horas por dia? De vez em quando, passe uma noite completa sem televisão!

Para evitar a angústia do vazio, proceda por etapas:
• Programe essa noite num prazo máximo de três dias.
• Coloque-se a seguinte pergunta: « O que será que eu vou fazer com esse tempo livre? » (Você tem direito a tudo, inclusive a « não fazer nada » ou « tomar um banho de uma hora ». Mas não tente preencher a noite a qualquer custo).

O que eu vou fazer:

....
....
....

• Quando chegar a noite, sente-se na frente da televisão ligada. Desligue-a e escute o silêncio durante pelo menos três minutos...

Eu fiz essa experiência dia: ....

Estou com vontade de repetir a experiência ❑

Não estou com vontade de repetir a experiência ❑

8. Reduza sua televisão à escravidão!

Fora se livrar definitivamente da sua televisão, existe apenas um único meio de não ficar escravo dela: reduzi-la à escravidão, ou seja, controlá-la! O segredo: preparar a sua programação semanal. A operação leva pouco tempo. Basta consultar uma revista de televisão ou um site na internet com toda programação e fazer a sua escolha. Anote todos os programas que o interessarem e os filmes que você não quiser perder. Isso permite, primeiramente, que você tenha uma base sólida para respeitar as escolhas que tiver feito e, segundo, que você calcule o número de horas que passa na frente da televisão toda semana. Talvez fique surpreso... Você pode planejar uma programação sozinho, mas também em família: ensinar as crianças a fazerem escolhas - e, portanto, a terem consciência do tempo que elas passam na frente da televisão - está longe de ser uma má iniciativa.

Eu fiz essa experiência dia: ....

Estou com vontade de repetir a experiência ☐

Não estou com vontade de repetir a experiência ☐

Banho relaxante com óleos essenciais (OE).

Numa colherzinha de azeite ou base neutra para banho dilua:

Oito gotas de OE de laranja amarga (*citrus aurantium ssp amara*)
Oito gotas de OE de laranja doce (*citrus sinensis*)

9. Tome um banho

É claro que, pela manhã, uma chuveirada é mais prática, rápida e boa para a circulação sanguínea... e mais ecológica! No entanto, tomar um verdadeiro banho bem quente é uma arte que proporciona um relaxamento incomparável, e pode realmente revigorar você pelo resto do dia. Se você acha que é impossível, reserve uma hora por semana para um « banho da manhã », que não terá o mesmo efeito que um « banho da noite ».
Evite produtos para banho industrializados e oriundos de marcas de luxo - que não são necessariamente « melhores » para a saúde, mas às vezes alcançam preços tão exorbitantes quanto a inutilidade deles. Faça o seu próprio cerimonial, para ir mais devagar e tomar consciência do momento presente, misturando quatro ou cinco punhados de sal grosso marinho, que apresenta extraordinárias propriedades relaxantes para os músculos. Acrescente algumas gotas de óleos essenciais (veja a receita no quadro acima). Diminua a luz do ambiente, coloque um pouco de música, se desejar, e deixe-se levar no mínimo durante meia hora.

Eu fiz essa experiência dia: ....

Estou com vontade de repetir a experiência ☐

Não estou com vontade de repetir a experiência ☐

10. Dê uma pequena caminhada

Se estiver se sentindo oprimido, dividido entre mil ideias que você não sabe mais como organizar... Tire uns vinte minutos para dar uma boa caminhada, esteja você onde estiver – e inclusive se tiver apenas a oportunidade de dar uma volta no quarteirão. Caminhe com um passo firme, nem rápido e nem devagar demais. Durante dois ou três minutos, concentre-se primeiro na sua respiração: respire lentamente, o mais profundamente possível, descontraindo o seu diafragma. Essa parte « física », em especial a respiração, permite que você libere certas tensões interiores. Em seguida, enquanto estiver passeando, observe atentamente ao seu redor os detalhes do ambiente, como se você estivesse descobrindo o quarteirão pela primeira vez – ou como se estivesse visitando um museu... Pouco a pouco, você vai sentir uma calma se instaurar.

> Se você sentir dificuldade em esvaziar a mente, mesmo observando atentamente ao seu redor, uma pequena dica: tenha sempre no bolso três castanhas. Ao caminhar, fique girando-as na mão durante uns dez minutos. O efeito relaxante, tanto para o corpo quanto para a mente, é surpreendente.

Eu fiz essa experiência dia: ....

Estou com vontade de repetir a experiência ☐

Não estou com vontade de repetir a experiência ☐

II. Não vá fazer compras no supermercado

« Que tal se, finalmente, a gente se virasse com o que tem em casa? » Imagine você dando essa boa notícia à sua família... Infelizmente, é o que, por razões econômicas, muitas famílias são obrigadas a viver atualmente no cotidiano. Durante essa curta pausa no tempo de consumo você pode economizar estresse e dinheiro, enquanto esvazia um pouco a despensa, a geladeira e o congelador do que ainda resta. Se você estiver em família, apresente a operação como uma brincadeira: faça um inventário de tudo o que estiver sobrando e desenvolva a sua criatividade encontrando boas ideias para utilizar com discernimento o que você tem. Obviamente, assim como não assistir televisão, esse tipo de decisão vai contra as regras da sociedade de consumo. Mas quem disse que você é obrigado a segui-las?

Eu fiz essa experiência dia: ....

Estou com vontade de repetir a experiência ❑

Não estou com vontade de repetir a experiência ❑

Se não tiver « nadica de nada », mas estiver sobrando arroz, uma cebola, três cenouras, um alho-poró e um talinho de aipo, teste a seguinte variante do *genmai*, servido nos templos japoneses após o *zazen* da manhã. Energético, ele é excelente para a saúde:

- Lave e deixe o arroz de molho durante uma hora.

- Pique os legumes em cubinhos.

- Numa panela grande, ferva 1,25 litro de água. Despeje 150 gramas de arroz (redondo integral, se você tiver) e deixe cozinhar em fogo baixo até os grãos estourarem.

- Acrescente os legumes. Quando a água ferver de novo, abaixe o fogo e deixe cozinhar durante uma hora.

- Deixe repousar. Você pode temperar o *genmai* com molho *shoyu*.

12. Escute os outros

Atualmente, poucas pessoas sabem realmente escutar. Será que você conseguiria passar um dia inteiro escutando os outros, em vez de ficar falando? Experimente: quando estiver conversando, esteja presente, atento e receptivo, esqueça as suas preocupações, esqueça a si mesmo, só responda se os interlocutores lhe perguntarem alguma coisa. E, seja qual for a sua opinião, escutar os outros também é a melhor maneira de aprender a pensar por si mesmo... De vez em quando, pense nesse tradicional *koan zen*: « O sábio não diz o que sabe. O tolo não sabe o que diz ».

Eu fiz essa experiência dia: ....

Estou com vontade de repetir a experiência ☐

Não estou com vontade de repetir a experiência ☐

Os segredos da « escuta ativa »:

- Volte-se fisicamente para a pessoa que esteja falando com você, olhe para ela atentamente e adote uma postura descontraída (mas não desleixada!).

- Deixe-a falar sem interromper nenhuma vez e *só responda se ela lhe pedir a sua opinião*.

- Aceite escutar tudo o que ela esteja dizendo, sem julgar e nem interpretar uma mínima palavra dela.

- Se a pessoa lançar notáveis imbecilidades, tente se manter impassível: controle suas reações espontâneas, mímicas e caretas, acenos de cabeça... (imagine que você é um monge zen, se isso puder ajudar!). Evite os sorrisinhos irônicos também...

- Não diga nenhuma palavra e não esboce nenhum gesto durante os silêncios da pessoa à sua frente. Isso permitirá que ela retome fôlego e vá mais longe...

13. Conceda pausas a si mesmo

Dar duro no trabalho que você levou para casa, atacar a preparação das refeições, os deveres de casa, a faxina e as roupas para passar, sem esquecer os compromissos profissionais, telefonemas das amigas desesperadas, condução dos filhos, conflitos familiares e e-mails que estão se acumulando... Essa multiplicação de atividades exige que você se conceda pausas. Aprenda a parar por pelo menos três minutos após cada atividade, a fim de respirar e esvaziar a mente. Isso permitirá também que você mude a sua relação com o tempo.

Adote esse tipo de reflexo:
« Eu acabei de levar meu filho à escola, agora eu vou me conceder três minutos para respirar um pouco. »
« Eu acabei de desligar o telefone, agora eu vou me conceder três minutos para ficar sentado e não pensar em nada. »
« Eu acabei de passar roupa, agora eu vou me conceder cinco minutos para ficar olhando o céu. »
« Eu acabei de botar as crianças na cama, agora eu vou me conceder quinze minutos para não fazer nada. »

Complete a lista de « boas razões » para fazer pausas:

- ....
- ....
- ....
- ....
- ....

Eu fiz essa experiência dia: ....
Estou com vontade de repetir a experiência ☐
Não estou com vontade de repetir a experiência ☐

14. Saboreie o que você esteja comendo

Você sabia que a comunicação entre o nosso estômago e o nosso cérebro é muito mais rápida do que você imagina? São precisos entre 20 e 30 minutos para que certos hormônios gástricos responsáveis pela saciedade (como a leptina) sejam liberados, enviando uma mensagem ao cérebro, que aciona então a sensação de saciedade. Por isso, coma lentamente, aos bocadinhos. Observe atentamente o que você esteja comendo. Mastigue cada garfada como se você estivesse experimentando o prato em questão pela primeira vez. De vez em quando, coloque os talheres na mesa. Não estique o pescoço acima do prato para engolir o conteúdo do garfo (assim como fazem os gansos na manjedoura...), mas mantenha as costas retas e a cabeça erguida, levando com calma o garfo até a boca. Em suma, coma calma... e educadamente! Uma refeição deve durar no mínimo meia hora. Esse exercício não somente permite que você tome consciência do momento presente, mas também facilita a percepção dos sinais envolvidos na ativação da saciedade. Portanto, você vai comer menos!

Eu fiz essa experiência dia: ....

Estou com vontade de repetir a experiência ❑

Não estou com vontade de repetir a experiência ❑

> « Sentar-se tranquilamente, não fazer nada...
> Chega a primavera, e a relva cresce por si só. »
>
> Ditado zen

15. Não faça nada...

Você acha que um « tempo livre » é um "tempo morto "? Se sim, toda vez que está inativo, você provavelmente tem a impressão de perder um pouco da sua vida. É por isso que, para alguns, perder tempo é perder a vida... Assim, « não fazer nada » pode provocar uma angústia incomensurável em certas pessoas. Ainda mais que esse tipo de comportamento é malvisto, pois não é produtivo. No entanto, todos nós precisamos desses momentos de pausa no tempo, de « intervalo psíquico », de « disponibilidade » da mente, durante os quais podemos quebrar o ritmo desenfreado da vida para redescobrir o sentido da nossa própria existência.

« Não fazer nada » é diferente de « tirar um tempo para si mesmo », que é uma atitude mais ativa. É no máximo se sentar no terraço de um café, tomando um chá, e esperar. O quê? Nada.

Não hesite mais: de vez em quando, pare. Sente-se num canto da cozinha, num banco do jardim ou deite-se na cama olhando para o teto. Experimente o momento presente dizendo: « Não estou fazendo nada ». Você tem todo o direito.

Eu fiz essa experiência dia: ....

Estou com vontade de repetir a experiência ❑

Não estou com vontade de repetir a experiência ❑

Caso você realmente não saiba ficar sem fazer nada, copie aqui o ditado zen com lápis de cor, *escrevendo-o no sentido contrário, da direita para a esquerda*:

....

....

....

49

16. Invente um ritual

Se existe uma pequena pausa que você pode facilmente arrumar na sua vida, é um ritual. Sentar-se para meditar dez minutos todas as manhãs, tirar um tempo para fazer uma pausa-café às 4 horas da tarde diariamente, acender uma vela e fazer um minuto de silêncio para a paz no mundo, depositar um pequeno buquê de flores para os anjos uma vez por semana no canto da sala, ler uma história em família todas as quintas à noite, começar cada refeição em família com uma « citação do dia », escolhida sucessivamente por cada um... Pouco importa a natureza do ritual que você decidir seguir, contanto que não seja feito às pressas, assim quando nos precipitamos para tomar um remédio que quase esquecemos. Para preencher a sua função, um ritual deve ser efetuado em plena consciência do « aqui e agora ».

TODO DIA, UM BOM E VELHO ROBERTO CARLOS

...Quando eu estou aqui
... Eu vivo esse momento lindo

Meu ritual:
....
....

Eu fiz essa experiência dia: ....
Estou com vontade de repetir a experiência ☐
Não estou com vontade de repetir a experiência ☐

Rituais existem desde que o mundo é mundo e, sejam pagãos ou religiosos, mágicos ou místicos, coletivos ou pessoais, eles sempre serviram para marcar o tempo com um instante presente sagrado. Estudos em psicologia transpessoal já demonstraram que eles desempenham um importante papel no nosso equilíbrio psíquico: eles permitem, simultaneamente, que os indivíduos se reconectem consigo mesmos e com o tempo que passa em si, e canalizem a força interior que torna suas ações mais eficazes.

17. Quebre uma rotina

Não há nada pior do que deixar as rotinas determinarem a nossa vida. De fato, elas possuem a estranha propriedade de fazer a consciência do momento presente desaparecer, deixar a mente se dissipar, embarcar-nos num círculo infinito que gira cada vez mais rápido, levando-nos, portanto, a perder contato conosco mesmos.

ACHO QUE É HORA DE MUDAR

Identifique cinco atividades cotidianas e semanais que você pode considerar como « rotinas ». Pode ser qualquer tarefa (mas obviamente não os momentos que você tiver escolhido para se reencontrar consigo mesmo!):

1 ....
2 ....
3 ....
4 ....
5 ....

Substitua uma atividade rotineira por uma atividade « focada e consciente »:

Vou substituir a rotina 1 por: ....
Vou substituir a rotina 2 por: ....
Vou substituir a rotina 3 por: ....
Vou substituir a rotina 4 por: ....
Vou substituir a rotina 5 por: ....

Eu fiz essa experiência dia: ....
Estou com vontade de repetir a experiência ☐
Não estou com vontade de repetir a experiência ☐

51

18. Respire!

Quando foi a última vez em que você parou e pensou:

« Agora eu estou respirando? » Foi há:

....

Faça a mesma pergunta às pessoas ao seu redor. Você talvez fique surpreso!
Num mundo onde tudo anda tão rápido que « acabamos não tendo mais tempo para respirar », esquecemos que a respiração é a base da vida. Portanto, não espere sufocar para fazer este pequeno exercício, que permite reunir o corpo e a mente, voltar ao momento presente e deixar circular dentro de si a energia e o tempo:

- Em pé, com os pés ligeiramente separados e bem colados no chão, solte os braços ao longo do corpo.
- Dobre ligeiramente os joelhos, mantendo as costas retas e a cabeça bem erguida. Procure a posição mais agradável.
- Inspire o mais lenta e profundamente possível pelo nariz durante oito segundos, depois expire lentamente durante oito segundos pela boca. Prenda a respiração durante quatro segundos.
- Durante a inspiração seguinte levante as mãos ligeiramente e sem forçar, afastando-as do corpo e imaginando que elas estejam repousando no ar. Durante a expiração, mantenha as mãos na mesma posição.
- Repita seis vezes essa operação (você deve respirar oito vezes, no total), permanecendo o mais flexível possível.

Eu fiz essa experiência dia: ....

Estou com vontade de repetir a experiência ☐

Não estou com vontade de repetir a experiência ☐

19. Peça ajuda

« Coisas demais para fazer? Delegue! » Todos os manuais de gestão do tempo nos explicam que se eximir de certo número de tarefas permite ser mais eficiente, sofrer menos estresse e ganhar tempo. Porém, é preciso aceitar isso, o que não necessariamente é fácil para todo o mundo. Aqui, o negócio é muito mais do que delegar: é pedir ajuda! Essa atitude pode ser ainda mais delicada para alguns, pois, antes de pedir que amigos, membros da família ou vizinhos nos ajudem ou realizem um trabalho no nosso lugar, às vezes é preciso esquecer o nosso orgulho e demonstrar humildade. Lembre-se de que ninguém é obrigado a fazer o que não sabe! Por exemplo, se você não souber estabelecer uma conexão elétrica e não tiver como chamar um profissional, a menos que você realmente queira aprender como mexer com eletricidade, procure ao seu redor alguém que teria o maior prazer em lhe fazer esse favor. Pedir ajuda também tem uma vantagem: você assim cria laços...

Faça uma lista de tudo o que você deve, mas não tem competência, tempo ou coragem de fazer:

. . . .

. . . .

. . . .

. . . .

. . . .

Eu fiz essa experiência dia: . . . .

Estou com vontade de repetir a experiência ❑

Não estou com vontade de repetir a experiência ❑

20. Ofereça a si mesmo uma massagem

Arte, higiene de vida e terapia ao mesmo tempo, praticada de mil formas desde os primórdios dos tempos em todas as civilizações (exceto na cultura cristã), nunca é demais repetir as virtudes da massagem: ela alivia problemas nas costas e certas dores, melhora a circulação sanguínea e linfática, torna os músculos mais flexíveis, oxigena as células e a pele, elimina as toxinas, aumenta o nível de energia, ajuda a curar certas insônias... Antiestresse, cuja eficácia não precisa mais ser demonstrada, a massagem também aumenta a consciência do corpo, desperta emoções, aguça percepções, permite estar mais presente a si mesmo...

Ofereça a si mesmo essa pausa no tempo, um verdadeiro presente — pois uma hora de sessão custa, na maioria das vezes, um pouco caro —, abandonando-se nas mãos de um profissional que tenha tempo suficiente para cuidar de você com calma...

Eu fiz essa experiência dia: ....

Estou com vontade de repetir a experiência ☐

Não estou com vontade de repetir a experiência ☐

Enquanto isso:

- Massageie lentamente o seu couro cabeludo com a ponta dos dez dedos. Comece no alto da testa, indo até a nuca. Ao massagear, respire profundamente.

- Depois, junte o polegar e o indicador de cada mão. Exerça cinco ou seis pressões de forma simétrica, indo do queixo até as orelhas.

- Repita esse movimento na zona situada no meio das bochechas, depois nas órbitas, abaixo dos olhos.

- Efetue essa massagem várias vezes e termine com uma leve pressão nas têmporas.

21. Crie o seu espaço sagrado

Muito mais pessoas do que se imagina já entenderam a importância de arrumar, em casa, um espaçozinho sagrado onde elas possam se sentir reconectadas consigo mesmas e com os outros, interrompendo o fluxo do tempo para experimentarem, durante alguns minutos, o momento presente. A maioria delas dispõe de um pequeno « altar pessoal » - no quarto, num canto da sala, num armário de banheiro, perto de uma árvore no jardim, numa caixa de papelão, numa mesinha de centro... - no intuito de restabelecer ligação com uma parte mais profunda de si mesmas. De fato, criar um espaço de recolhimento permite focalizar rapidamente o pensamento e a atenção e entrar no « aqui e agora ». No entanto, você não precisa se envolver num processo espiritual para criar o seu: você também pode inventar um espaço sagrado « laico », um cantinho de lembranças, fotos de família, pequenos objetos que você tiver trazido de viagens... Única condição: esse espaço deve ser delimitado e ninguém, a não ser você, deve tocar nele.

Eu fiz essa experiência dia: ....

Estou com vontade de repetir a experiência ☐

Não estou com vontade de repetir a experiência ☐

« Celular desligado, cérebro sossegado. »
Imemorável ditado zen

22. Desligue o seu celular

Você já experimentou deixar o seu celular desligado durante um dia inteiro? Provavelmente você até hoje só experimentou o estado de pânico que se sucede à perda, roubo ou pane do seu telefone. Como muitas pessoas, você não imagina como poderia viver sem ele...

EU TELEFONO QUASE "DOIS MAÇOS" POR DIA!

Comece logo de manhã, só ligando o seu celular depois do café da manhã ou na hora em que você estiver saindo para o trabalho. Depois, escolha momentos propícios, durante os quais seja mais fácil desligar o celular: enquanto estiver realizando um trabalho importante, no qual você precise se concentrar, ou num momento em que você realmente precise de repouso.

Dedicatória especial para as mães angustiadas: se você fizer parte da categoria de mães hiperangustiadas, que ligam para os filhos a cada dez minutos para saber se eles saíram bem da escola, se pegaram o ônibus certo, se chegaram bem à aula de piano, canto ou dança, se foram embora direitinho depois, se correu tudo bem, se voltarão para casa na hora combinada, se atravessaram bem a rua, se o trem partiu direitinho, se tudo vai bem... Faça um trato com o seu filho: determinem *juntos* os exatos momentos em que você vai ligar para ele e aqueles em que ele vai ter de ligar para você.

Eu fiz essa experiência dia: ....

Estou com vontade de repetir a experiência ☐

Não estou com vontade de repetir a experiência ☐

23. Isole-se!

Ficar dentro de casa um dia inteiro sem ver quem quer que seja: impossível? Não! Basta querer.

Para os solteiros, a operação é bastante simples: basta programar um dia em casa, sem visitas, sem compromissos, sem telefone ou um dia de caminhada solitária numa floresta. Se você tiver uma vida conjugal ou uma família, a operação é mais complicada, e o grau de dificuldade vai depender do grau de comunicação que você normalmente estabelece com os seus entes queridos – e, portanto, da forma como eles poderiam compreender e aceitar a sua necessidade de se isolar.

Tirar um dia só seu, para você se reencontrar consigo mesmo, e não para atacar uma montanha de trabalho atrasado. Aproveite, sem programar nada de antemão: tome banhos intermináveis, coma exclusivamente aquilo de que você gosta, assista ao seu filme preferido, pense nos bons momentos que você já passou na sua vida... Deixe a sua mente divagar, e não faça coisas demais! – simplesmente saboreie o prazer de ficar sem fazer nada.

Eu fiz essa experiência dia: ....

Estou com vontade de repetir a experiência ☐

Não estou com vontade de repetir a experiência ☐

24. Tire um cochilo

Numa sociedade que raciocina apenas em termos de « lucro » e « rentabilidade », a sesta está começando a retomar, se não suas honrarias, pelo menos o seu direito de existir. Isso porque « lucro » é o que não lhe falta: melhora da memória, melhor concentração, redução do estresse, reequilíbrio do sistema nervoso, aumento da criatividade, restauração da energia e do dinamismo, diminuição de acidentes profissionais... E, portanto, melhor rendimento! É claro, a sesta ainda não é obrigatória nas empresas - o que, tendo em vista seus efeitos, é realmente uma pena. Se você nunca tiver ousado experimentar um bom cochilo reparador com medo de parecer ridículo ou perder tempo, saiba que a vontade de dormir depois do almoço é apenas uma questão de digestão: foi descoberto recentemente que também se trata de um ritmo biológico inato. Em outras palavras, a sesta é genética! Em geral, diz-se que uma boa sesta deve durar vinte minutos, não mais do que isso. Na verdade, tudo depende de você: se dez minutos lhe convierem, então é suficiente. Se você tiver tempo de dormir trinta minutos ou mais e se sentir bem, é disso que você precisa.

Eu fiz essa experiência dia: ....

Estou com vontade de repetir a experiência ☐

Não estou com vontade de repetir a experiência ☐

> « Quem planta um jardim, planta felicidade. »
> Provérbio chinês

25. Plante um jardim

Os jardineiros estão entre as pessoas mais serenas da Terra... Por quê? Porque eles não jardinam para si mesmos, mas sim para o jardim. É exatamente um dos segredos do budismo: esquecer a si mesmo e enfraquecer o ego por meio dos gestos simples da vida cotidiana. A jardinagem, laço direto entre o homem e a natureza, não somente permite que a calma interior se instaure, mas sobretudo que a gente entre em contato com o potente fluxo da vida. Poderíamos pensar que uma atividade tão física quanto essa seria o oposto da calma interior. Muito pelo contrário: estar no « aqui e agora » de uma ação[2] permite ficar completamente absorto no instante presente. O passado e o futuro então se apagam, dando lugar a um tempo imóvel. É o que a tradição zen chama de consciência *hishiryo*: uma consciência aberta, vasta, na qual a nossa vida e a nossa mente adquirem sua verdadeira dimensão.

Se você não tiver um jardim, seja qual for o espaço « livre » à sua disposição, você pode utilizá-lo: um simples canteirinho pode conter todo um universo...

---

[2] Ou seja, em plena consciência de cada um dos nossos gestos, deixando-nos guiar pelo fluxo da vida ao mesmo tempo.

Eu fiz essa experiência dia: ....
Estou com vontade de repetir a experiência ☐
Não estou com vontade de repetir a experiência ☐

Balanço da desaceleração

Faça um balanço do seu « objetivo de desaceleração »: as afirmações a seguir correspondem aos 25 pequenos passos para aprender a ir mais devagar, bem como a três conselhos da segunda parte deste caderno. Diante de cada afirmação que se tiver tornado verdadeira para você hoje, envolva o número de pontos correspondentes:

	Pontos
1. Eu deixo os meus gestos mais lentos de vez em quando	2
2. Eu fico mais três minutos na cama toda manhã	4
3. Eu sempre saio dez minutos mais cedo	5
4. Eu sei fazer uma coisa de cada vez	4
5. Eu sei respeitar o meu tempo interior	2
6. Eu não uso mais relógio de pulso	3
7. Eu ligo menos a televisão	5
8. Eu preparo minha própria programação televisiva	4
9. Eu tomo banhos relaxantes	2
10. Eu dou pequenas caminhadas	2
11. Eu faço compras no supermercado com menos frequência	5
12. Eu escuto os outros com mais frequência	2
13. Eu me concedo várias pausas	5
14. Eu saboreio tudo o que eu como	4
15. Eu sei ficar sem fazer nada	5
16. Eu adotei um ritual	3
17. Eu tenho menos rotinas	4
18. Eu sempre tiro um tempo para respirar	4
19. Eu sei pedir ajuda	3
20. Eu me dou massagens de presente	3
21. Eu criei meu espaço sagrado	2
22. Eu sei desligar meu celular	4
23. Eu sei me isolar para me reencontrar	4
24. Eu tiro cochilos	3
25. Eu plantei um jardim	4

Pontos de bônus

26. Eu não me sinto culpado por fazer as coisas com calma   4

27. Eu eliminei atividades inúteis   3

28. Eu pratico o kaizen   6

Calcule o total dos seus pontos e escreva a soma abaixo:

« Eu atingi ....% dos meus objetivos de desaceleração. »

Alguns conselhos extras para a viagem...

- Consulte os seus e-mails apenas duas vezes por dia em horários determinados.
- Nunca mais diga « Ande logo! » a quem quer que seja.
- Não use o seu carro para percorrer menos de 500 metros.
- Nunca coma sanduíches no escritório em frente ao computador.
- Nunca almoce no escritório, mesmo que seja numa mesa separada.
- Não venda suas férias ao seu patrão.
- Alterne suas atividades o máximo possível.
- Leia histórias em família uma noite por semana.
- Comece a cozinhar...

Para refletir...

Imagine que você tivesse de passar toda a sua vida trancado num único quarto. No início, ele seria grande, espaçoso, arejado e mobiliado com o necessário para viver confortavelmente. Porém, à medida que o tempo fosse passando, o quarto onde você mora começaria a mudar de volume e encolher... No começo, você não se daria conta disso e continuaria a sua vida, acrescentando outros móveis, enchendo as estantes com novos livros e os armários com roupas novas. Um dia, você perceberia que o seu quarto está cada vez mais entulhado. Você entenderia então que dispõe de menos espaço, não somente porque você não cessa de acrescentar mais e mais objetos novos, mas também porque o seu quarto realmente está encolhendo, como se estivesse sendo comprimido por uma força desconhecida. Essa é uma imagem da noção de « compressão do tempo » sugerida pelo escritor, filósofo e pesquisador americano Terence McKenna (1946-2000) no início dos anos de 1970, em sua « teoria da novidade » (Novelty Theory). Ao estudar a estrutura matemática do Yi Jing, o Livro das mutações chinês, ele descobriu que o tempo não é linear: ele é uma onda (timewave). Mais precisamente, uma onda fractal de informações, na qual aparecem novidades — acontecimentos, invenções... — ao longo da história humana. Quanto mais o tempo passa, mais a onda parece comprimir-se, fazendo

com que surjam, ao mesmo tempo, mais e mais « novidades ».
Segundo McKenna, a última fase dessa onda teria começado
dia 6 de agosto de 1945 (data do bombardeio de Hiroshima)
e só faria se acelerar. Donde uma impressão de que o tempo
está passando cada vez mais rápido. Essa onda vai parar no
momento em que se produzirem tantos acontecimentos novos
ao mesmo tempo em que ocorrerá uma grande mudança global.
Ele chamou esse momento de « Ponto Zero ». Essa teoria,
bastante controversa, não deixa de lembrar o « Ponto Ômega »,
de Pierre Teilhard de Chardin, ou o « ponto de singulari-
dade », do engenheiro da computação Raymond Kurzweil. Cabe
a você ver se essa explicação lhe « interessa » e se você tem
vontade de saber mais sobre a questão.

Pequena biblioteca dos essenciais da *Slow Life*

HAPAX, J. *Slow Down*. Paris: Eyrolles, 2003.

HONORÉ, C. *Devagar*. Rio de Janeiro: Record, 2005.

LOREAU, D. *L'art de l'essentiel*. Paris: J'ai Lu, 2009.

PETRINI, C. *Slow Food*: princípios da nova gastronomia. São Paulo: Senac, 2009.

PIGANI, E. *L'art zen du temps*. Paris: Presses du Châtelet, 2004.

SZERMAN, S. & GRAVILLON, I. *L'art de la lenteur*. Toulouse: Milan, 2007.

Acesse a coleção completa em

livrariavozes.com.br/colecoes/caderno-de-exercicios

ou pelo Qr Code abaixo